Inhalt

Einkaufs-Outsourcing - auch für strategische Aufgaben von Vorteil

Kernthesen

Beitrag

Fallbeispiele

Weiterführende Literatur

Impressum

Einkaufs-Outsourcing - auch für strategische Aufgaben von Vorteil

I.Zeilhofer-Ficker

Kernthesen

- Einkaufsabteilungen, die als High Performer besonders effizient arbeiten, nutzen wesentlich häufiger externe Partner für den Einkauf als schwächer arbeitende Beschaffungsorganisationen.
- Selbst für strategisch wichtige Beschaffungsaufgaben ist unter gewissen Umständen die Nutzung eines Outsourcing-Partners von Vorteil.
- Vor der Auslagerung von Aufgaben an externe Spezialisten muss eine gründliche Situationsanalyse sowie die sorgfältige

Planung der Übergabe stehen.

Beitrag

Im Einkauf wird das Geld verdient, sagt eine alte Kaufmannsweisheit. Das gilt heute vor allem, wenn sich die Mitarbeiter auf die strategisch wichtigsten Aufgaben konzentrieren können. Den Rest kann man getrost an Spezialisten abgeben und noch Geld dabei sparen.

Ist Einkaufs-Outsourcing sinnvoll?

Aus der englischen Phrase outside resource using Nutzung externer Ressourcen entstand das Schlagwort Outsourcing für die Fremdvergabe von Tätigkeiten an Spezialisten außerhalb des eigenen Unternehmens. In den 60er Jahren startete der Trend mit der Fremdvergabe von Produktionsaufträgen an Contract Manufacturer, im Dienstleistungsbereich folgte in den 80ern vor allem die Auslagerung von ganzen EDV-Abteilungen inklusive der entsprechenden Infrastruktur. Weitere Tätigkeitsbereiche auch in der Beschaffung folgten. Doch nach dem Boom kam bald die Ernüchterung, da viele Outsourcing-Projekte nicht den Erfolg brachten, den man sich erhofft hatte. Viele Outsourcing-Verträge wurden wieder aufgehoben und die Aufgaben zurück ins Unternehmen geholt. Zu viel war erwartet worden, zu schlecht geplant und organisatorische Mängel konnten auch durch Outsourcing nicht behoben werden.

Trotzdem hat sich das Outsourcing von bestimmten Beschaffungsaufgaben als sinnvoll erwiesen. Denn qualifiziertes Einkaufspersonal ist rar und wird in schlank aufgestellten Unternehmen hauptsächlich für die strategisch wichtigsten Produktgruppen und Aufgaben eingesetzt. Die Beschaffung von indirekten Materialien, die durchaus ihre strategische Bedeutung haben können, ist eine klassische Aufgabe, die ausgelagert werden kann. In Fertigungsbetrieben beträgt das Einkaufsvolumen von indirekten, also nicht direkt für die Produktion benötigte Güter, zwischen 15 und 20 Prozent des gesamten Einkaufs. In Dienstleistungsbetrieben ist der Anteil teilweise noch wesentlich höher. Diese Artikel wie beispielsweise Büromaterial, Laborbedarf oder Büroeinrichtung können relativ einfach standardisiert und in Katalogen erfasst werden. Bei Bedarf wählt der Mitarbeiter die benötigten Teile aus dem Katalog aus und schickt die Anforderung an den Beschaffungsdienstleister im Idealfall über eine automatisierte Einkaufsplattform. Dieser kann den Bedarf verschiedener Abteilungen und Standorte bzw.

Firmen bündeln und durch höhere Bestellvolumina Preisvorteile realisieren. (1), (2), (3)

Durch die Automatisierung reduzieren sich die Prozesskosten erheblich. Außerdem wird das Maverick-Buying, das teure Einkaufen bei Lieferanten, mit denen keine Verträge existieren, unterbunden. Je nach Ausgangslage eines Betriebes können so bis zu 70 Prozent Prozesskostenersparnisse und bis zu 15 Prozent Einkaufspreisreduzierungen erreicht werden. (1), (2), (3)

Welche Einkaufsbereiche sind besonders für die Fremdvergabe geeignet

Besonders eignen sich Materialien für das Outsourcing, die mit hohem administrativen Aufwand bei geringem strategischem Wert zu beschaffen sind. Diese sind normalerweise gut zu standardisieren und eignen sich so zur Bedarfsbündelung. Der klassische Einkaufsbereich für das Outsourcing sind die bereits genannten indirekten Artikel, vom Bleistift bis zur Kaffeemaschine. Viele Unternehmen bestellen zusätzlich ihren Bedarf an Reparatur- und

Ersatzteilen, häufig auch Kleinmengen von Zulieferteilen für Entwicklung und Nullserien, beim externen Experten. So lassen sich Preisvorteile erzielen, ohne dass mit vielen verschiedenen Lieferanten aufwendige Verhandlungen geführt und Verträge geschlossen werden müssten. Da die entsprechenden Produktgruppen beim Outsourcing-Partner zu den Kernkompetenzen gehören, kann man zudem auf dessen produktspezifisches Knowhow zurückgreifen. Außerdem wird nur bestellt, was zum Bestellzeitpunkt tatsächlich gebraucht wird und die aufwendige Lagerhaltung von Kleinteilen entfällt. Eine Nutzung von unterschiedlichen Beschaffungsdienstleistern für verschiedene Produktgruppen ist als Option absolut bedenkenswert. (1), (2), (4), (5)

Ein weiterer Bereich könnte das sogenannte Spot-Buying sein. Hierbei handelt es sich um Bedarfe, die kaum zu standardisieren sind und als einmaliger Bedarf auftreten. Hierbei kann es sich beispielsweise um Spezialwerkzeuge oder um spezielle Dienstleistungen wie eine Umzugsorganisation handeln. Diese Einkäufe können von der normalen Purchasing-Abteilung normalerweise nur mit hohem Zeit- und Informationsaufwand erbracht werden, wohingegen ein externer Spezialist über entsprechende Anbieter und Preise Bescheid weiß und seine Marktkenntnis zum Nutzen des

Auftraggebers einsetzen kann. (1), (6), (8)

Die geplante Nutzung von Lieferanten in einem speziellen regionalen Umfeld kann gleichfalls durch einen entsprechenden Beschaffungsdienstleister unterstützt werden. Will man beispielsweise Lieferanten in China, Indien oder sonst einem weit entfernten Land nutzen, so hilft der Einsatz eines Experten vor Ort sehr, der nicht nur die örtlichen Unternehmen und Märkte kennt, sondern ebenfalls mit rechtlichen und logistischen Verhältnissen vertraut ist. (1)

Gute Erfahrungen hat man auch in der öffentlichen Beschaffung gemacht. Durch eine Bündelung der Beschaffungsaufgaben verschiedener Kommunen und öffentlichen Institutionen in Schleswig-Holstein bei einem Full-Service-Beschaffungsdienstleister unter öffentlicher Leitung konnten enorme Einsparungen bei gleichzeitiger Service-Verbesserung erreicht werden. (7)

Vorraussetzungen und Möglichkeiten

Ein Drittel aller Unternehmen im deutschsprachigen Raum beurteilen Outsourcing-Projekte mit Skepsis.

Grund sind sicher die in den Medien breit getretenen Nachrichten über gescheiterte Projekte und das Rückholen ganzer Outsourcing-Organisationen. Viele Projekte scheitern aber schlicht an der schlechten Vorbereitung bzw. an überzogenen Erwartungen. Sind unternehmensinterne Prozesse holprig und Verantwortlichkeiten nicht geklärt, so wird sich das kaum über Outsourcing lösen lassen. Erster Schritt vor dem Outsourcing muss deshalb die genaue Analyse des Ist-Zustandes sein, Kennzahlen müssen ermittelt und Zielvorgaben vereinbart werden. Testläufe mit einem überschaubaren Produkt- oder Regionsrahmen helfen, Kinderkrankheiten auszumerzen. Entsprechende Verträge sollten möglichst detailliert ausgearbeitet werden und auch Erfolgskriterien und Ausstiegsmöglichkeiten enthalten. Eine sorgfältige Planung der Übergabe ist unerlässlich. (9), (10)

Wie erfolgreiche Projekte beweisen, sind neben beträchtlichen Preisreduzierungen vor allem signifikante Einsparungen bei den Prozesskosten erreichbar. Zudem werden aus Fixkosten variable Kosten, da nur bezahlt wird, was man auch tatsächlich nutzt. Das verfügbare Einkaufspersonal kann für die strategisch wichtigen Aufgaben eingesetzt werden und wird von administrativen Arbeiten entlastet. Die besten Beschaffungsabteilungen haben diese Vorteile erkannt und nutzen Sie bereits ausgiebig zum Wohle ihrer Unternehmungen. (1), (3), (5), (8)

Fallbeispiele

Die Siemens IT Solutions and Services Global Procurement Services ist ein Full-Service-Anbieter von der Einkaufsberatung bis zum kompletten Outsourcing der Beschaffungsprozesse. Global Procurement Services arbeitet dabei mit mehr als 10 000 registrierten Lieferanten in über 100 Ländern und 4 000 Geschäftspartnern zusammen. Neben allen Siemens-Geschäftsbereichen nutzen auch externe Kunden den Beschaffungsdienstleister und sichern sich so Preis- und Prozesskostenersparnisse weltweit. (3)

Zu den Kunden der Siemens Global Produrement Services gehört der Halbleiteranbieter Qimonda AG, München. Neben allen katalogisierbaren Waren werden auch Spot-Buyings über die Siemens-Einkaufsplattform click2procure bestellt. Durchschnittlich sechs Prozent Kosteneinsparungen konnten bereits erreicht werden. (6)

Die M + W Zander Facility Managment, Stuttgart nutzt den Elektronikdistributor RS Components als Beschaffungsdienstleister für alle Bedarfe im C-Artikel-Bereich. M + W Zander nutzt dazu den elektronischen Katalog von RS Components. Man erwartet von der Zusammenarbeit mehr Transparenz und Kontrollierbarkeit der Bestellungen, das Maverick Buying soll weiter eingeschränkt werden. (4)

Die Gebäudemanagement Schleswig-Holstein AöR (GMSH) hat sich zum Full-Service-Dienstleister für öffentliche Auftraggeber in Schleswig-Holstein entwickelt. Ein Einkaufsvolumen von 23 Millionen Euro wird jährlich auf eigene Rechnung, 89 Millionen Euro Beschaffungsvolumen wird vergaberechtlich auf fremde Rechnung betreut. Preisreduzierungen von bis zu 50 Prozent je nach Warengruppe konnten bereits erreicht werden. Den Vollkosten von zwei Millionen Euro stehen rund acht Millionen Euro an Einsparungen jährlich gegenüber. Aber auch eine Optimierung der Beschaffungsprozesse wird so erreicht. Von Vorteil für die öffentlichen Auftraggeber sind Lieferantenbewertungs- und Mängelrügensysteme der GMSH, sowie der öffentliche elektronische Marktplatz. (7)

Weiterführende Literatur

(1) Entwicklungen im Business Process Outsourcing im Einkauf Jetzt geht's ans Strategische
aus BA Beschaffung aktuell, Heft 10, 2007, S. 42

(2) Zentrale Beschaffungsstrategie
Bündelungsmodelle für die Supply Chain
aus BA Beschaffung aktuell, Heft 5, 2007, S. 40

(3) Outsourcing im Einkauf senkt Beschaffungskosten
Globales Einkaufswissen teilen
aus BA Beschaffung aktuell, Heft 5, 2007, S. 48

(4) Elektronische Bauteile aus dem Katalog Kampf dem Maverick Buying
aus BA Beschaffung aktuell, Heft 1, 2008, S. 48

(5) Einkaufs-Outsourcing, Teil 1 Externe Fachleute nutzen
aus BA Beschaffung aktuell, Heft 10, 2007, S. 45

(6) Einkaufs-Outsourcing, Teil V Schnell und exakt
aus BA Beschaffung aktuell, Heft 2, 2008, S. 39

(7) Leuchttürme der öffentlichen Beschaffung – Teil II
Fortschritt aus dem hohen Norden
aus BA Beschaffung aktuell, Heft 9, 2007, S. 60

(8) Gründe für Eigenfertigung und Fremdbezug
Outsourcing – Erfolgs- oder Risikofaktor?
aus BA Beschaffung aktuell, Heft 5, 2007, S. 67

(9) Einkaufs-Outsourcing, Teil III Nachhaltiger Wertbeitrag durch Transparenz

aus BA Beschaffung aktuell, Heft 12, 2007, S. 38

(10) Einkaufs-Outsourcing, Teil IV Genau planen und umsetzen
aus BA Beschaffung aktuell, Heft 1, 2008, S. 39

Impressum

Einkaufs-Outsourcing - auch für strategische Aufgaben von Vorteil

Bibliografische Information der deutschen Nationalbibliothek

Die Deutsche Nationalbibliothek verzeichnet diese Publikation in der deutschen Nationalbibliografie; detaillierte bibliografische Daten sind im Internet über http://dnb.d-nb.de abrufbar.

ISBN: 978-3-7379-1080-4

© 2015 GBI-Genios Deutsche Wirtschaftsdatenbank GmbH, Freischützstraße 96, 81927 München, www.genios.de

Alle Rechte vorbehalten. Dieses Werk ist einschließlich aller seiner Teile – z.B. Texte, Tabellen und Grafiken - urheberrechtlich geschützt. Jede Verwertung außerhalb der Grenzen des Urheberrechtsgesetzes bedarf der vorherigen Zustimmung des Verlags. Dies gilt insbesondere auch für auszugsweise Nachdrucke, fotomechanische Vervielfältigungen (Fotokopie/Mikroskopie), Übersetzungen, Auswertungen durch Datenbanken oder ähnliche Einrichtungen und die Einspeicherung und Verarbeitung in elektronischen Systemen.